À bras le coeur

Messages de bienveillance
du monde entier

Helvetiq reverse une partie des bénéfices de ce livre à l'association Païdos, à Genève.
Helvetiq donates part of the profits from this book to the Association Païdos in Geneva.

En partenariat avec
In partnership with

UNIVERSITÉ DE GENÈVE
SWISS CENTER FOR AFFECTIVE SCIENCES

MUSÉE INTERNATIONAL DE LA CROIX-ROUGE ET DU CROISSANT-ROUGE

À bras le cœur
Messages de bienveillance du monde entier

Be gentle with your heart
Messages of self-compassion from around the world

Textes (introduction et activités) de Patricia Cernadas Curotto,
conclusion par Pascal Hufschmid et Carole Varone
Messages et illustrations des visiteur·euses du Musée international
de la Croix-Rouge et du Croissant-Rouge
Mise en page et graphisme : Ajša Zdravković
Traduction anglaise de l'introduction, des activités
et de la conclusion : Jeffrey K. Butt

ISBN : 978-2-88977-023-6
Première édition : juillet 2024
Dépôt légal en Suisse : juillet 2024
Imprimé en Lettonie

Avenue des Acacias 7
CH-1006 Lausanne
Suisse

HELVETIQ
helvetiq.com

Patricia Cernadas Curotto

♡ Be gentle with your heart

Messages of self-compassion from around the world

Comment se faire du bien et prendre soin de soi-même ? Où trouver les ressources pour faire face aux moments difficiles ou de souffrance ?

Pensez-y, vous connaissez sûrement des réponses à ces questions. Tout le monde développe, au fil du temps, ses propres stratégies pour trouver du réconfort : regarder un film ou une série qui remonte le moral, écouter sa musique préférée, courir pour se défouler, passer du temps avec ses proches…

Une autre manière éprouvée de se faire du bien, c'est de cultiver la bienveillance envers soi-même. En d'autres termes, de s'exprimer des vœux de bienveillance. Que nous souhaitons-nous ? Que voulons-nous pour nous-même ? Quel message, quelle petite phrase peut-on répéter pour se donner du bien-être et de la force ? Quels sont nos propres messages de bienveillance ?

En 2023, le Musée international de la Croix-Rouge et du Croissant-Rouge, à Genève, a proposé au public de laisser un message sur son « Mur de la bienveillance ». Plus de 5000 personnes y ont dévoilé les pensées qui leur font du bien et les réconfortent.

Ce livre en recueille une petite sélection. Il poursuit aussi le projet du Mur de la bienveillance en offrant un espace où cultiver la bienveillance pour soi.

Prendre soin de soi, ensemble

What are the steps to self-help through self-care? What resources are there when you are hurting or need support to get through a rough patch?

Think about it. You probably already have answers to these questions. Over time, everyone develops their own strategies for finding comfort. Maybe you lift your spirits by rewatching a beloved movie or television series, listening to a favorite song, going for a run, or spending time with friends...

Another proven approach to self-care is to cultivate a sense of compassion toward ourselves—in other words, to wish ourselves kindness. What are our wishes? What do we want? Is there a message, or a few little words, we can say to ourselves to boost our well-being and give us strength? What messages of compassion do we have for ourselves?

In 2023, the International Red Cross and Red Crescent Museum in Geneva asked members of the public to leave a message on its “Wall of Kindness.” More than 5000 people shared a thought that makes them feel better and brings them comfort.

This book is a collection of some of those thoughts. It also keeps the Wall of Kindness project alive by creating a space for nurturing self-compassion.

A collective approach
to self-care

Qu’est-ce que la bienveillance pour soi ?

La bienveillance pour soi, ce sont les actes et paroles que l’on utilise pour se faire du bien, pour surmonter les moments difficiles ou pour s’encourager dans le quotidien. Pour Kristin Neff, chercheuse phare dans ce domaine, la bienveillance pour soi inclut trois aspects :

- Être gentil·le envers soi-même, s’accorder de la tolérance, prendre soin de soi et s’offrir du soutien.
- Être conscient·e que la souffrance fait partie de l’aventure humaine, et ne pas se sentir seul·e lorsqu’on ne se sent pas bien, car d’autres personnes passent aussi par des moments difficiles.
- Être tourné·e vers le moment présent, accueillir ses pensées et ses émotions sans jugement.

Pourquoi la cultiver ?

En étant bienveillant·e avec soi-même, on s’aide de diverses façons. Les recherches sur le sujet montrent que cela favorise une bonne santé mentale et physique, mais aussi les relations avec les autres, en permettant de mieux écouter ses limites et de résoudre les conflits.

Et si, en étant plus bienveillant·e envers soi-même, on aidait les autres aussi ? Arriverait-on ensemble à créer un monde plus harmonieux ?

Comment la cultiver ?

Il existe différentes manières d'encourager la compassion et la bienveillance pour soi-même. La méditation, par exemple, peut aider à appréhender les moments de difficulté avec plus de sérénité. On peut aussi se pencher sur les expériences de vie positives et apprendre à les savourer avec reconnaissance. Ou encore, développer une voix intérieure bienveillante qui permet de répondre de manière plus douce à des situations stressantes. Pour cultiver cette voix intérieure, on peut se formuler des messages ou vœux de bienveillance !

Ce livre est une invitation à travailler la compassion pour soi, et les prochaines pages vous donneront quelques idées !

What is self-compassion?

Self-compassion means saying and doing things to feel better, overcome a difficult time, or brighten up our day. For Kristin Neff, a leading researcher in the field and author of *Self-Compassion: The Proven Power of Being Kind to Yourself*, there are three components to self-compassion:

- Being nice to yourself, being patient with yourself, taking care of yourself, and seeking support.
- Understanding that pain is part of the human experience, and not feeling alone when you're down, because everyone goes through rough patches.
- Focusing on the here and now, and accepting your thoughts and emotions without judgment.

Why do we need self-compassion?

Being kind to ourselves is good for us in many ways. Research shows that self-compassion leads to better mental and physical health, as well as constructive relationships with others. It also helps us know our own limits and makes us better at conflict resolution.

And what if being kinder to ourselves also leads us to help each other more? Together, we might just end up creating a better world!

How can we practice self-compassion?

There are many ways to nurture self-kindness and self-compassion. Meditation, for instance, can help us face difficult moments with more clarity and composure. We can also embrace life's positive experiences and learn to appreciate and savor them. Or we can develop an inner voice that is kind and caring and teaches us to better handle moments of stress. To nurture that voice within, we can give ourselves words or messages of kindness and compassion!

This book is an invitation to work on your own self-compassion, and the pages that follow offer a few ideas on how to go about it!

Laisse-toi de l'espace
pour grandir.

Give yourself room
to grow.

Give yourself room to GROW

Respire et pense à toi. On ne fait que passer. Le monde ne nous appartient pas.

Breathe and think about you.
We are only passing through.
The world isn't ours.

تنفسي و فكري

بحالك

"عابرين و الدنيا ليست

لنا"

1/12/2022

J’aimerais que mon cœur
apprenne à nager.

I wish my heart would
learn to swim.

I wish my heart would learn
to swim.

Rester fidèle à moi-même !

Stay true to myself!

Mir selber

treu bleiben!

Regarde jusqu'où tu es arrivée.
Je suis fière de toi. Tu es
une guerrière courageuse
dans ce monde.

Look how far you've come.
I am proud of you. You are a
brave warrior in this world.

Look how far you've come.
I'm proud of you.
You are a brave warrior in this world.

With love, Nina.

Tu n’es pas fait·e pour vivre comme les autres, tu es fait·e pour vivre comme toi-même.

You are not meant to live like the others. You are meant to live like yourself.

YOU ARE NOT MEANT
TO LIVE LIKE THE
OTHERS

YOU ARE MEANT TO
LIVE LIKE YOURSELF

Chaque esprit est un monde.

Tu ne sais pas ce que vivent
les autres, alors fais le choix
de la gentillesse.

Every mind is a world.

You never know what
someone is going through
so choose to be kind.

EVERY MIND IS A
YOU NEVER KNOW
WHAT SOMEONE IS
GOING THROUGH
SO CHOOSE KIND

Je me souhaite d’avoir la force d’accorder mes choix et mon cheminement à ma santé mentale et à mon intuition.

I wish to have the strength to align my choices and my path with my mental health and my intuition.

Ich wünsche mir,
die Kraft meine
Entscheidungen und
Wege in einklang
mit meiner Mentalen
Gesundheit und
Bauchgefühl zu
~~[illegible]~~treffen.

Je me souhaite (et à vous
tous·tes) une vie mémorable.

I wish to myself (and to you
all) a memorable life.

I WISH TO
MYSELF (AND
TO YOU ALL)
A MEMORABLE
LIFE

Je me prends dans les bras et
me dis que tout va bien aller
pour moi.

I hug myself and say you're
gonna be alright.

I HUG
MYSELF
AND SAY
YOU'RE GONNA
BE ALRIGHT

Lâche prise.

Release.

Release

Pour moi. De moi.

Je me souhaite la liberté d'être
qui je suis, la possibilité d'être
qui je suis, le désir d'être qui
je suis.

To me. From me.

I wish for the freedom to be
who I am, the opportunity to
be who I am, the will to be
who I am.

PARA: MI
DE: MI

ME DESEO LA LIBERTAD
DE SER QUIEN SOY, LA
POSIBILIDAD DE SER QUIEN
SOY, LAS GANAS DE SER
QUIEN SOY.

Sari

Fais briller ta lumière
pour le monde !

Let your light shine bright
for the world!

Let your light
Shine bright for
the world !!

Waswa
13/07/2023

WIDEN YOUR WORLD

Tu es une bonne mère.
Tu es assez.

You’re a good mom.
You’re enough.

You're
a Good Mom
You're Enough

Je me souhaite de bien vieillir,
avec empathie pour le monde,
à commencer par moi-même.

I hope to age well, with
empathy toward the world,
starting with myself.

Spero di invecchiare bene, con empatia verso il mondo, a partire da me stesso.

Je me souhaite d’avoir des moments dans ma vie où je ne réfléchis pas trop, et je me souhaite d’être entouré·e de personnes de valeur. Sérénité, tranquillité.

I wish to have times in my life when I’m not overthinking, and I wish to be surrounded by worthy people. Peace, tranquility.

21.3.2023

Ευχομαι να υπαρξουν στιγμες χωρις να κανω overthinking

και ατομα γυρω μου που να αξιζουν

Χριστιανα

Tu es riche en étant qui tu es.

You are rich by being who you are.

YOU ARE
RICH
BY BEING
WHO YOU ARE

Je me souhaite la capacité de
me détendre et d’être là où se
trouvent mes pieds.

I wish myself the ability to relax
and be where my feet are.

I wish myself the ability to relax & be where my feet are

Je suis moi, et c'est assez.

I am myself, and that's enough.

Ich bin ich,

und dass ist genug

Je me souhaite une
calme satisfaction.

I wish myself
quiet contentment.

I wish myself
quiet contentment

Les êtres humains font partie du même corps. Ils sont issus de la même essence. Si l'un des membres souffre, les autres n'ont pas de repos. Si tu es indifférent·e à la douleur des autres, tu ne mérites pas de t'appeler « humain ».

Human beings are part of the same body. In creation, they are of one essence. If a part of the body is suffering, other parts will have no peace. If you are indifferent to the pain of others, you don't deserve to call yourself "human."

بنی آدم اعضای یکدیگرند

که در آفرینش ز یک گوهرند

چه عضوی به درد آورد روزگار

دگر عضوها را نماند قرار

تو کز محنت دیگران بی غمی

نشاید که نامت نهند آدمی

Je crois en nous et en l’amour.

I believe in us and in love.

CREDO IN
NOI E
NELL'AMORE
13/12/22

Ne t'excuse pas
Ne t'inquiète pas
N'aie pas peur
Ne pleure plus
Tu es précieuse
Tu as bien fait !

Don't apologize
Don't worry
Don't be afraid
Don't cry anymore
You are precious
You did well!

Para: Eu

Não se desculpe
Não se preocupe
Não tenha medo
Não chore mais

Você é preciosa
Você se saiu bem!

Je me souhaite de vivre
pleinement chaque moment
et d’être ancré·e dans
le présent.

I wish to live every moment
to the fullest and to be
completely anchored in
the present.

I wünscha miar Moment voll
und ganz z'erleba und drbi
ganz im Jetzt z'sii.

Je me souhaite de ne pas être
pressé·e, de grandir, de réussir,
de parvenir.

Je me souhaite de me vouloir
du bien et de vouloir le bien.

I wish to slow down, to grow,
to succeed, to achieve.

I wish to do myself and others good.

Mi auguro di non avere fretta...

... di crescere,

... di riuscire,

... di arrivare

Mi auguro di volermi bene

e di volere bene

05.03.2023

Je suis capable de vivre avec cette maladie et d’être heureux·se chaque jour en acceptant ce que je peux faire et ce que je ne peux pas faire.

La vie est belle.

I can live with this illness and be happy every day by accepting what I am able to do and not able to do.

Life is beautiful.

Soy capaz de vivir
con esta enfermedad
y ser feliz cada día
aceptando lo que
puedo y lo que no
puedo hacer
La vida es bella

Je me souhaite l’audace d’échouer.

I wish myself the bravery to fail.

I wish myself the
bravery to fail.

On est si fort ensemble !
On peut tout affronter !

We are so strong together!
We can face anything!

Mir sind so
starch zeme!
Das wo chunt
packemer!

Sois toi.
Fais toi.
Pour toi.

Be you.
Do you.
For you.

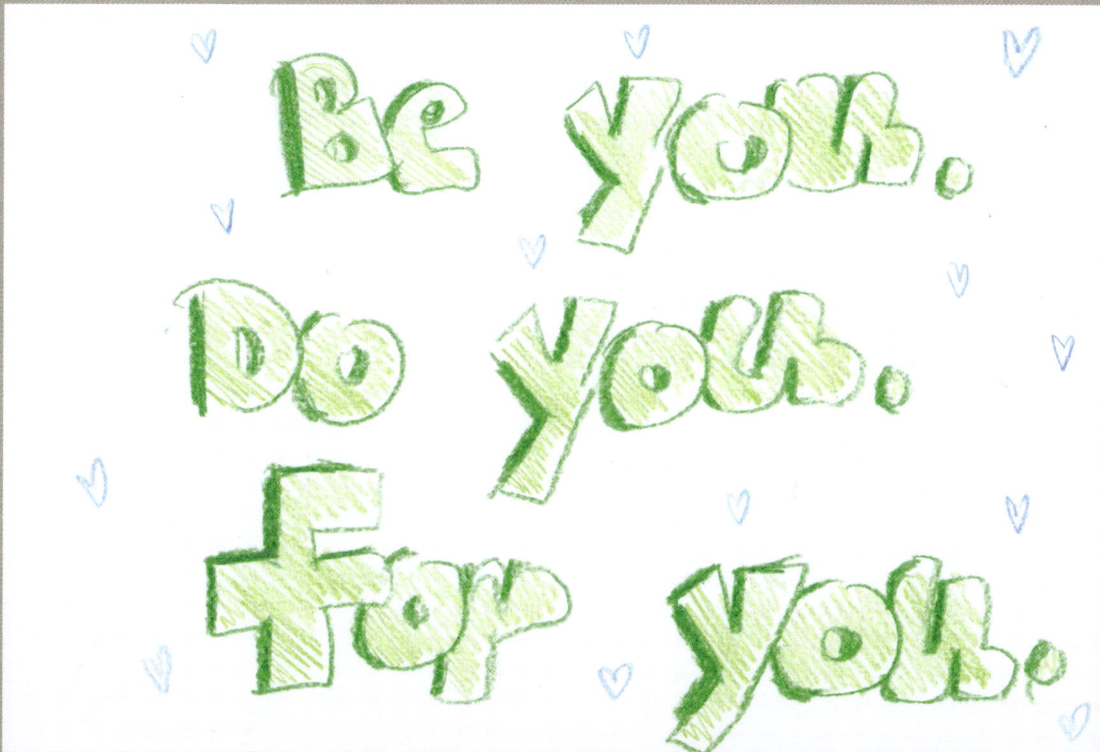
Be you.
Do you.
For you.

Je mérite tout ce qui m’arrive
de bien.

I deserve all the good things
that happen to me.

Merezco
todo lo
BUENO
que me
Sucede

Je suis reconnaissant d'avoir tout ce qu'il faut pour vivre. J'ai une école pour apprendre, une maison pour habiter, de la nourriture et deux parents aimants qui s'occupent de moi. J'espère que tous les enfants peuvent vivre comme moi.

I am grateful I have everything I need to live. I have a school to learn at, a house to live in, food to eat and two loving parents who look after me. I hope every child can live like me.

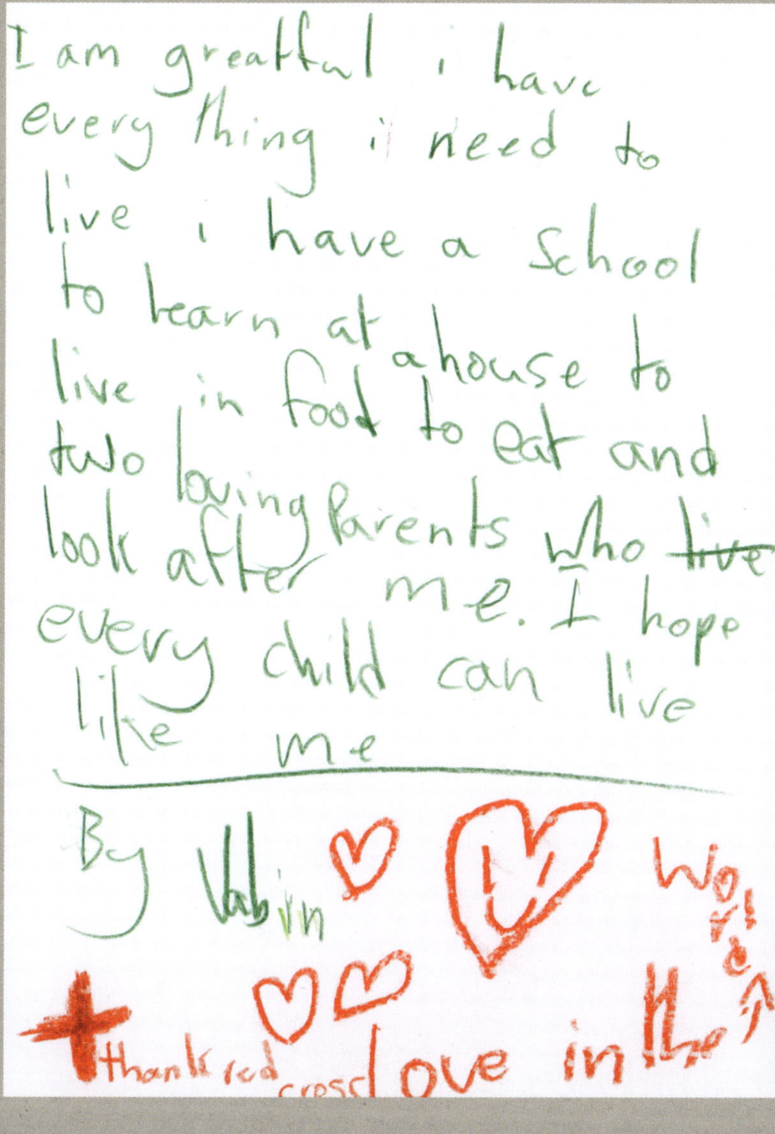
I am greatful i have
every thing i need to
live i have a School
to learn at a house to
live in food to eat and
two loving parents who ~~live~~
look after me. I hope
every child can live
like me

By Vabin

thank red cross

love in the world!

Je me souhaite le courage de...
... m'occuper de moi
... m'aimer
... être moi
Et la capacité de faire
tout ça férocement.

I wish myself the courage to...
... care for myself
... love myself
... be myself
and the ability to do so ferociously.

I wish myself the courage to...

care for myself

love myself

be myself

and the ability to do so ferosiously

Karyn,
Philippines

Tu vas gérer comme une reine.

You got this queen.

03/05/18
YOU GOT
THIS QUEEN

Nous sommes là l'un·e pour l'autre.

We are here for each other.

نحن لبعض

Je serai là pour moi-même.

I’ll be there for myself.

I'll be there for MYSELF.

Je me souhaite que mes amis
m’aiment beaucoup.

I want my friends to like me a lot.

Je me souhaite que mes amis m'
aiment beaucoup

J’aime mon corps et mon gentil cœur et je suis fier·ère de tout ce qu’ils ont accompli.

I love my body and my kind heart and I am proud of everything it’s achieved.

I love my body and my kind heart and I am proud of everything its achieved ♡

Je suis amour
Je suis paix
Je suis santé
Je suis ambition
Je suis bonheur
Je suis sororité
Je suis bruit.
Je suis moi, un esprit libre.

I am love
I am peace
I am health
I am ambition
I am happiness
I am sisterhood
I am noise.
I am me, a free spirit.

Soy amor

Soy paz

Soy salud

Soy ambición

Soy felicidad

Soy sororidad

Soy ruido.

Soy YO, un espíritu
libre

Je me souhaite de vieillir le
mieux possible, beaucoup
de rires et de l’Amour !

I wish to age as best I can,
with lots of laughter and love.

Je me souhait de vieillir le mieux possible, beaucoup de rires et de l'Amour!

À vous d'écrire

Your turn to write

Quand ça va mal

On passe tous et toutes par des moments où l'on va moins bien, par exemple lors d'une journée rude au travail ou d'une dispute avec un être cher. On peut ressentir de la tristesse, de l'anxiété, de la colère ou de la détresse. Que pouvez-vous faire pour vous réconforter ?

When things are not so good

We all have days that bring us down. A rough day at work or a fight with a loved one is all it takes. And it can bring on feelings of sadness, anxiety, anger, or distress. What are some things you can do to find comfort?

Les petites choses

Quelles petites choses immédiates et faciles à faire vous font du bien ? Ou qu'est-ce qui vous a fait du bien par le passé et que vous pourriez facilement refaire ?

Par exemple : boire un chocolat chaud, prendre un bain, respirer une odeur familière, regarder un épisode de votre série préférée, écouter certaines musiques, etc.

It's the little things

What are some of your quick and easy pick-me-ups? Or what made you feel better in the past and can be easily repeated?

For example, sipping on a cup of hot chocolate, taking a bath, savoring a familiar smell, watching an episode of your favorite program, or listening to a special song.

Les phrases qui font du bien

Y a-t-il des phrases qui vous réconfortent quand vous les entendez ou les lisez ?

Voici des messages laissés par les visiteur·euses sur le Mur de la bienveillance :

- C'est OK de ne pas être OK. Tu es assez.
- Sois fier·ère de toi car tu le mérites. C'est normal de ne pas se sentir bien tout le temps, ce qui est important est de se donner les moyens de se sentir au mieux.
- Ne sois pas trop dur·e avec toi-même, accepte, garde l'esprit ouvert. Toutes les bonnes choses et les mauvaises choses ont une fin.

Words that heal

Are there any words or phrases that lift your spirits when you read or hear them?

Here are some more messages left by visitors on the Wall of Kindness:

- It's OK not to be OK. Being you is good enough.
- Be proud of yourself because you deserve it. It's normal not to feel good all the time. What matters is finding the tools to feel your best.
- Go easy on yourself, accept, stay open-minded. All good and bad things come to an end.

Évacuer ses émotions

Quand vous passez par une situation émotionnellement intense, quelles activités vous permettent d'évacuer les émotions négatives ?

Release your emotions

When you are dealing with an emotionally intense situation, are there any activities that help you shake off the negative emotions?

Par exemple : aller courir pour se défouler, crier à tue-tête, écrire ses émotions, etc.

For example, running to let off steam, screaming your head off, or writing down your emotions.

Les gens qui nous entourent

The people around us

Avec qui pouvez-vous partager vos difficultés ? Qui peut vous écouter ?

Who are the people you can share your troubles with? Who do you have to lend you an ear?

Par exemple : la famille, les amis, les collègues, les voisins, un·e soignant·e ou un organisme. Osez vous inscrire dans une nouvelle communauté ou reprendre contact avec un·e vieil·le ami·e.

For example, a relative, a friend, a colleague, a neighbor, a caregiver, or an organization. Challenge yourself to join a new community or call on an old friend.

Quand ça va bien

On peut aussi apprendre à profiter des moments où l'on va bien pour se requinquer et trouver des pistes et des plans d'action pour mieux appréhender de futurs moments difficiles.

When things are good

We can also learn to appreciate the good times and use them to get back on our feet and develop strategies, or even an action plan, to better cope with the tough times ahead.

Faites-vous du bien

Célébrez-vous ! Pensez à des choses ou des activités qui vous font plaisir :

Pamper yourself

Celebrate you! Think about the things and activities that bring you joy:

Des phrases bienveillantes

Quelles phrases bienveillantes voudriez-vous répéter pour cultiver votre bien-être ?

Voici des messages laissés par les visiteur·euses sur le Mur de la bienveillance :

- ♡ Je me souhaite un équilibre intérieur barbe à papa. Fondant, sucré et doux à partager.
- ♡ Je suis fort, je suis beau, je mérite d'être aimé.

Words of compassion

Can you think of any words of compassion you'd like to say to yourself to improve your well-being?

Here are some more messages left by visitors on the Wall of Kindness:

- I wish myself a cotton-candy inner balance: soft, sweet and nice to share.
- I am strong, I am beautiful, and I am worthy of being loved.

De nouvelles activités

Quelles activités inédites vous reste-t-il à explorer ? Qu'avez-vous toujours eu envie d'essayer pour votre plaisir ?

Par exemple : goûter à une nouvelle cuisine, prendre un cours de danse, partir en voyage...

New activities

What are some activities you've never tried before? What are some things you have always wanted to try for your own enjoyment?

For example, trying a new type of cuisine, taking a dance lesson, or going on a trip.

Un message d'amitié

Laissez-vous un message sur vous-même, comme si un·e bon·ne ami·e vous décrivait.

A message of friendship

Write a message about yourself. Pretend a good friend is describing you.

Une belle lettre

Écrivez-vous une lettre bienveillante à lire quand vous aurez besoin de réconfort.

A lovely letter

Write yourself a kind and caring letter to read later when you need a pick-me-up.

Voici d’autres suggestions pour développer votre bienveillance tout au long de la vie :

- À quels moments dans votre quotidien pouvez-vous le mieux vous concentrer sur l’instant présent ? Profitez-en pour vous répéter des messages de bienveillance.

  Par exemple : Profiter du moment où l’on se brosse les dents pour se centrer sur soi et se remercier d’être en vie.

  Voici un message laissé sur le Mur de la bienveillance :
  Je veux prendre le temps d’habiter complètement mon corps.

- La vie est parsemée de transitions (études, premier emploi, premier bébé, premières rides, ménopause, retraite...). Formulez-vous des vœux pour ces moments de transition ou des vœux à votre futur vous-même :

  « À ... ans, je me souhaite de... »

  Voici un message laissé par sur le Mur de la bienveillance :
  Je me souhaite de vieillir en paix avec moi-même et les autres.

- Si vous pouviez choisir un slogan bienveillant à afficher partout en ville, quel serait-il ? Commencez maintenant à tapisser votre appartement !

Below are some other tips for developing self-compassion throughout your life:

- What are the best times during your day for focusing on the present moment? Use those times to repeat kind things to yourself.

  For example, while brushing your teeth, concentrate on you and thank yourself for being alive.

  The following message was left by a visitor on the Wall of Kindness:
  I want to take the time to live completely in my own body.

- Life is full of transitions (school, first job, first child, first wrinkles, menopause, retirement...). Come up with some positive words for these transitional moments or some positive wishes for your future self:

  "When I'm ... years old, I wish that I ..."

  A visitor to the Wall of Kindness left the following message:
  I wish to grow old, in peace, with myself and with others.

- If you could choose a compassionate slogan to plaster all over town, what would it be? Why not start right now inside your own home!

Êtes-vous bienveillant·e envers vous-même ?

Pendant plus d'un an, les visiteur·euses du Musée international de la Croix-Rouge et du Croissant-Rouge à Genève ont pris le temps de rédiger une réponse à cette question très personnelle et de l'afficher au cœur du musée. Nous leur exprimons ici toute notre gratitude.

Plus de 5000 messages ont ainsi été collectés puis étudiés par le musée et le Centre interfacultaire en sciences affectives de l'Université de Genève. En accord avec leurs auteur·rices, nous reproduisons ici les témoignages qui nous ont le plus inspiré·es.

De manière simple et accessible, nos institutions ont cherché à favoriser une conversation sur la santé mentale, à connecter différentes communautés et à transformer des savoirs en savoir-être et en savoir-faire.

À l'intersection de la vie de tous les jours, de l'humanitaire et de la recherche, ce livre témoigne de la force de l'intelligence collective. Quel que soit le contexte dans lequel nous nous trouvons, il nous rappelle aussi qu'au quotidien, le soin porté à soi-même est tout aussi important que celui porté aux autres.

Pascal Hufschmid
Directeur général du Musée international de la Croix-Rouge et du Croissant-Rouge

Carole Varone
Chargée de communication, Centre interfacultaire en sciences affectives, Université de Genève

Are you compassionate with yourself?

For over a year, visitors to the International Red Cross and Red Crescent Museum in Geneva took time to come up with an answer to this very personal question for a display in the Museum. This book is an expression of our gratitude.

More than 5000 messages were collected and studied by the Museum and the Swiss Center for Affective Sciences at the University of Geneva. With the consent of those who wrote them, through this book we share those testimonies we found most inspiring.

As institutions, we have tasked ourselves with sparking an easy and accessible conversation about mental health, connecting different communities, and transforming knowledge into both soft and hard life skills.

This book is a testament to the power of collective wisdom, where everyday life, humanitarianism, and research intersect. Whatever situation we find ourselves in, it serves as a reminder that daily self-care is every bit as important as the care we give to others.

Pascal Hufschmid
Executive Director, International Red Cross and Red Crescent Museum

Carole Varone
Communication Officer, Swiss Center for Affective Sciences, University of Geneva

Patricia Cernadas Curotto est chercheuse en sciences affectives à l'Université de Genève. Elle s'intéresse à la bienveillance et à son rôle dans les relations sociales. Elle a notamment étudié l'impact d'interventions cultivant la compassion sur l'inclusion et les comportements prosociaux, tant dans des relations interpersonnelles que dans des contextes internationaux comme le conflit israélo-palestinien.

Patricia Cernadas Curotto is a researcher in Affective Sciences at the University of Geneva. She is interested in compassion and its role in social relationships. Her studies have focused on the impact of benevolent interventions in promoting inclusion and pro-social behavior, both in interpersonal relationships and in international contexts such as the Israeli-Palestinian conflict.